U0164372

自序

所謂「無常」，簡單來說，是指情況轉變了。無常，除了說明宇宙人生真實的層面外，亦隱藏著它的苦性、非人力所能預知或控制性，就好像佛經常用雨雲來譬喻未來一樣。面對無常時，有很多德學卓越的佛教徒或許持有迥然不同的處理方式，例如樂觀的會採取：「遭遇任何事，莫撓歡喜心，憂惱不濟事，反失諸善行。」的態度，披上甲冑，自甘卑下，利樂與他。也許另有一些較冷漠的想法：「從喜愛生憂，從喜愛生怖；離喜愛無憂，何處有恐怖。」簡居蘭若，青燈黃卷，面壁觀心。這二種做法無論那種，均可在佛經中找得到支持的經句。話雖如此，作為一個有修養的佛弟子，內心皆同樣有著不逃避無常的準則；依靠著的，是「正知」和「正念」這兩種修行工具，例如他會深深吸一口氣，內心以安忍的態度和冷靜的頭腦去面對無常，堅定地說：「這正是時候了！」

活過一個甲子的年頭，人生各階段出現的變化，多不勝數；有幸自幼就接觸不少善知識，導引我讀到多部終生受用的經論，如《法句經》、《能斷金剛般若波羅蜜多經》、《寶行王正論》、《菩薩瑜伽行四百論》、《辨中邊論》、《大乘莊嚴經論》、《入菩薩行》等等，每當「無常」巨浪迎面翻來時，這些經論就好像一塊滑浪板隨波出現在我腳下，感覺隱約有人塗上了強力的萬能膠，再乘托著這個無力反抗無常脆弱的我，霎時成為了我生命的依靠；我信念的依賴，正正就是聖賢的話語。今願將如斯金玉良言，獻給在我這期生命最早的善友：先外祖妣劉門胡氏玉太夫人，與及願意閱讀本書的各方善友，一同共享。

二零一八年四月風季來臨前於紫竹林

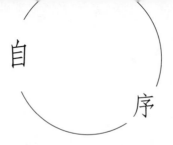

01

01

誰人能征服大地、閻魔界，人界與天界？誰人能以精湛的技藝採花，宣說圓滿智慧的教法？只有預流、一來、不還果的聖人能征服大地、閻魔界，人界與天界。只有預流、一來、不還果的聖人能以精湛的技藝採花，宣說圓滿智慧的教法。

01

02

應知道這個身體如泡沫，
覺知它如海市蜃樓，這樣
便折斷魔羅的花箭，超越
死主的視線。

01

03

心懷貪欲去採花，死神就會帶走這散亂的人，猶如沈睡的村莊被滔滔洪水沖走般。心懷貪欲採花，內心永無寧靜，惟被死魔征服。

01

04

修行者托鉢入村落，如蜜蜂採花蜜，不會損害花朵的顏色和香味，採得花蜜後便離開。

01

05

不要觀察別人的過患與缺失，不要計較別人已做或未做之事，只觀察自己已做與未做之事。

01

06

如果沒有實行善法，不會有善的果報，就好像只有美麗色彩而沒有花味的花。

01

07

如果依教奉行善法，必會有善的果報，如色彩美麗又芳香樸鼻的花。

01

08

生而為人必有一死，所以應多行善事，好像用一堆花朵可做成許多的花鬘。

01

09

檀香、多伽羅香、茉莉花香的氣味不可逆風而飄，但善心芳香則可逆風，遍及所有方向。所有的芳香如檀香、多伽羅香、青蓮及茉莉花，而戒行之香為最勝。檀香、多伽羅香的香味何其微弱，而戒行之香味甚濃，遠飄天人天界。

01

10

魔王永遠也追蹤不到那些持戒圓滿、精進不放逸、以正智獲得解脫的人的蹤跡。

01
11

猶如在路邊淤泥上有朵被遺棄的蓮花綻放，散發出令人悅意的清香；正覺的佛弟子在無明人群中，發放出智慧之光。

01

12

所有人都畏懼受到刑具的傷害，所有人都畏懼死亡；將心比己，不應殺害其他的生命或教唆別人殺害其他的生命。所有人都畏懼受到刑具的傷害，所有眾生都愛惜自己生命；將心比己，不應或教唆別人殺害其他生命。

01

13

以刀杖傷害跟自己同樣追求快樂的人，永遠不會得到快樂。不用刀杖傷害跟自己也同樣追求快樂的人，來世必得到快樂。

01

14

不要向任何人說粗言惡語，因為受辱者會反唇相向，憤怒的說話確實是苦的因由，換來別人報復。

01

15

如果你能保持沉默平靜，
如敲不響的爛銅鑼；不再
憤怒，便能達至涅槃。

01

16

仿如牧牛人用棍棒驅趕牛群，老與死亡也驅趕著眾生的壽命。

01

17

當愚夫不知道這是惡業而造作惡行時，自己作孽自己受，就如無知稚童玩火而遭到灼傷一樣。

01

18

若有人向善良、沒反抗能力或無辜的人施以傷害，很快就會受到以下十種苦其中一種苦報。一、受到極度痛楚；二、損失；三、身體受到損傷；四、嚴重疾病；五、神志不清；六、 國王刑罰；七、遭人誣陷；八、痛失至親；九、財富盡毀；十、燒毀家園；最後這人死後下墮地獄。即使想贖罪，冀以苦行來抵消，例如裸行、束髮、泥塗面、禁食、躺地睡、穢土塗身、蹲坐，惡行始終不能得以淨化。

01

19

即使不裸行而穿衣服，只要內心柔軟平靜，能制伏欲望，實踐梵行，不傷害眾生；這人便是真婆羅門，真沙門，真比丘。

01

20

世界上只有少數人能約束自己，有慚愧心，免受到懲罰；猶如純種馬因稟性具警惕性而不遭主人鞭打。

01
21

猶如良駒被鞭策後奮力馳騁；以信心、持戒、精進、禪定來抉擇正法，解行並重，和以正念去擺脫無盡的痛苦。

01

22

我們沒有憎怨，很快樂地過日子；在眾生憎怨中，我們並沒有憎怨。我們沒有疾病，很快樂地過日子；在患病的人群中，我們沒有患病。我們沒有貪欲，很快樂地過日子；在貪欲眾生中，我們沒有貪欲。

01

23

我們活得很愉快，確實沒有貪瞋癡的障蔽；我們以喜悅為糧食，猶如光音天人一樣。

01

24

勝利會招致敵人憎怨，失敗的人又活在痛苦中；已斷除煩惱的人捨棄了勝利和失敗，生活在快樂平靜之中。

01

25

沒有任何的火比得上貪欲，沒有任何罪惡比得上憎恨，沒有任何的痛苦比得上擁有五蘊身，沒有任何喜樂比得上涅槃。

01

26

飢餓是最大的疾病，業行是最大的苦痛；智者已如實了知，證得涅槃是無上的喜樂。

01 27

健康是最大的利益，知足是最大的財富；可信賴的人是我們的至親，涅槃是無上的喜樂。

01

28

已品嚐隱居和寂靜的味道，已體會法味喜悅的人，迅即遠離恐懼和邪惡。

01
29

遇見聖者是好事，與他們
共處尤覺喜悅；不見愚人
，則常感愉悅。

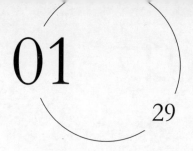

01

30

長期與愚者共處，便長期處於憂患。與愚人相處，就如與敵人為伴一樣痛苦；與智者共處，就如與親友團聚般安樂。所以，人應該與有智慧、堅穩、多聞、盡責、信實的聖者交往，猶如月亮依循著星辰軌跡一樣。

失眠的人覺得長夜漫漫，
疲倦的人覺得長路漫漫；
對昧於正法的愚者來說，
生死輪迴更漫長。

02

01

如果找不到跟自己一樣或比自己優秀的人為伴，便應堅決地一人獨處，絕不應與愚者共處。

02

02

愚癡的人時時都擔憂：「我的子女…我的財富…」；事實上，「我」根本不是自己，哪會有子女和財富呢？

02

03

自知愚昧的凡夫，根據這一點他便是個智者；但自認為智者的凡夫，這確是個愚蠢的人。

02

04

就算終其一生也親近智者，愚癡的人總是不解正法，就如一枝不能嚐味的湯勺。有智慧的人，即使與智者短暫相處，也能瞬間了悟正法，儼如能嚐味的舌頭。

02

05

對於缺乏智慧的愚者來說，自己就是敵人；他們到處造作惡業，為自己招來苦果。

02

06

造了惡業才後悔；當受異熟苦果時，淚流滿面。不後悔已作善行；當受異熟樂果時，感到喜悅和快樂。

02

07

惡業未成熟前，愚者還以為快樂，猶如嚐蜂蜜一樣沾沾自喜；當惡業成熟時，就如嚐毒果般吃盡苦頭。

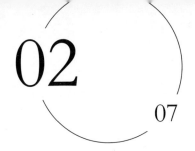

02

08

修苦行的愚者月復一月，
只吃如吉祥草草尖般少量
的食物，但功德遠不及了
悟正法者的十六分之一。

02

09

猶如牛奶不會馬上凝固，
種下惡業的苦果雖然不會
即時顯現，但苦果會一直
跟著愚者，情況就好像被
蓋上灰燼的火種一樣。

02

10

如果沒有善良的動機，愚者就算獲得知識，反而會摧毀自己，損害自己固有的幸福和智慧。

02

11

愚癡的人為求虛名，在比丘眾中要成為上首，在寺院中想要掌權，在在家眾中想獲得榮譽和供養。

02

12

愚者會這樣想：「無論是出家眾或在家眾，都要為我辦事；事無大小，都要聽從我的意見！」這些想法只會令愚者的貪欲和傲慢增長。

02

13

一條是追求世俗利益的道路，另一條則是涅槃的道路；佛陀的聲聞弟子應清楚明白箇中道理，不熱衷於世俗的榮譽和利益，必須致力於培養出離心。

02

14

不放逸是不死的道路，放逸是死亡的道路；不放逸即達致不死，放逸的人如同一具死屍。

02

15

智者深深明白不放逸的好處，喜於精進不放逸，熱愛證得聖者的果位。

02

16

智者堅忍也踏實，努力不
放逸修禪定，脫離束縛，
體證涅槃。

02

17

勤奮積極、具有正念、行為正直且謹慎、能調伏自心、依法過活，不放逸的人名聲與日俱增。

02

18

智者由努力精進斷惡修善，調伏自心，且守護根門，令自己成為一個不為洪水淹沒的島嶼。

02

19

愚者缺乏智慧，身心均耽於放逸中；智者恆常保持不放逸，視防惡修善為世間最珍貴的寶藏。

02

20

心不應放逸，不應耽迷於五欲樂；只要恆常精勤修禪，必能獲得大安樂。

02

21

智者以不放逸對治放逸，攀登智慧之塔頂；無憂無慮是智者，遠眺憂心忡忡的眾生，如同在山頂上俯瞰山下的人一樣。

02

22

於眾多放逸人中保持不放逸，在昏睡的人群中保持清醒；智者就如駿馬拋離了駑馬，疾速地奔馳。帝釋正是因為不放逸，成為所有天人的王；不放逸永遠備受智者的讚美，而放逸則遭受到鄙視。

02

23

比丘對放逸感到恐懼，但不放逸則令比丘感到愉快，就如熊熊大火燒毀大大小小的束縛。比丘每每看到放逸便感到恐懼，對不放逸則感到喜悅，這樣一定不會下墮，也就更接近涅槃。

02
24

我們的心輕浮不定易變，
難以調伏守護；善調此心
的智者，能恰當控制自心
令其正直，猶如箭匠調直
箭杆一樣。

02

25

就好像離開了水的活魚在地上不安地掙扎跳動；此心離開魔羅界，亦會不安亂蹦跳。

02

26

飄忽不定難以調伏的心，總是被欲念所控制；經調伏的心始能得安樂，倘能調伏自心，確實是美妙不過。

02

27

心，微細得難以察覺，總是陷於欲念中；智者會守護此心，因為防護自心才能得到安樂。

02

28

心，藏在心坎深處，無形無相，獨行獨住；能調伏自心的人，便能擺脫魔王的束縛。

03

01

如果人的心不能安穩，信心搖擺不定，又不能了解正法，智慧就不能圓滿。

03

02

如果心無貪念，如果心無瞋恚，擺脫善與惡，這人不會有任何恐懼。

03

03

明白這脆弱的色身猶如陶罐，將此心防護得猶如固若金湯的城堡般，用智慧之劍將魔王擊退；持續地守護著，不被干擾。

03

04

哎呀！這色身不久便躺在
地下，再沒有知覺，猶如
無用的木材一樣被拋棄。

03

05

不管仇敵如何傷害仇敵，冤家如何憎怨冤家，懷有惡念的人，作惡就會超過仇敵和冤家。不管是父親、母親或是親友，如果懷有善心，行善就會超過父母和親人。

03

06

猶如指出藏寶地點的人，
智者會指出別人過錯，並
加以指責；所以應該與智
者交往，這樣交往只有益
而無害。

03

07

敬愛善人對自己的訓誡、勸告，阻止自己犯錯的是智者，但惡人卻憎厭智者。

03

08

不應該與惡人為伴，亦不應該親近卑劣的人；應親近善人，要與人格高尚的人來往。

03

09

智者睡得安寧，性格平和，頭腦清晰，歡喜地過日子，亦因為聆聽聖者所說的佛法而時常都感到喜悅。

03

10

水匠能引水，箭匠能將箭杆弄直，木匠塑造木器，智者能調伏自心。

03

11

猶如磐石不會被強風吹動；智者亦不為讚譽或毀謗所動。

03
12

智者聽聞正法後感到安詳，就像顯得湛深的湖水清澈平靜一樣。

03

13

善人不追求和談論欲樂，即使快樂亦不會興高采烈，遇上痛苦的事也不會悲傷沮喪。

03
14

智者不會為了自己或別人而造作惡業，亦不為求子、財富或王國而造作惡業，這才是具德、有智慧和正直的人。

03

15

在芸芸眾生中，只有少數
的人能到達彼岸，其餘的
只能徘徊追隨到岸邊。

03

16

死亡國度雖則難以跨越，
但只要遵循聖人宣說的正
法，便能跨越彼岸。

03

17

智者捨棄惡法，努力修習善法；從有家走到無家，具足出離心而安住寂靜處。

03

18

智者在寂靜處渡過安穩的生活，捨棄所有感官欲樂，徹底清淨心中的煩惱和垢染。

03

19

心，能主導一切造作；心，是所有事物的前驅；如果一個人心懷惡念說惡語或做惡行，痛苦一定跟隨他，猶如牛車跟隨牛的足跡一樣。心，能主導一切造作；心，是所有事物的前驅；如果一個人心懷善念說善語或做善行，快樂一定跟隨他，猶如影子不離身一樣。

03

20

「他辱罵我、打我、擊敗我、劫掠我。」如果有這種想法，心中的怨恨永不能得到止息。「他辱罵我、打我、擊敗我、劫掠我。」如果沒有這種想法，心中的怨恨便能止息。

03

21

在這世界上，怨恨從來不能止息怨恨；只有忍辱才能平息怨恨，這是恆久不變的法則。

03

22

因為不明白：「我們終須一死！」假若喜於諍論的人明白這一點，彼此之間的爭執不和便能平息。

那些將不淨的身體視為潔淨，不能收攝根門，不節制飲食，懶惰不精進的人，就好像被強風吹倒的弱樹一樣，必定被魔王征服。若能住於不淨觀，收攝根門，節制飲食，虔誠又精進，這人就如強風吹不動的石山一樣，必定不會被魔王征服。

03

24

那些未有遠離煩惱垢染，不能調伏內心，又沒有虔信的人，沒有資格穿上袈裟。那些已經清淨煩惱垢染，守持戒律，誠實又能調伏內心的人，才有資格穿上袈裟。

03

25

誤把虛妄當真實，把真實當虛妄；持有這些邪見的人，永遠不能了悟實相。了知道真實是真實，虛妄就是虛妄；持有這種正思的人，一定能了悟實相。

03

26

貪欲能控制未能調伏自心的人，猶如蓋得不穩妥的屋頂，雨水必能滲漏。貪欲不能控制已調伏自心的人，猶如雨水不能滲漏結構良好的屋頂。

03

27

造作惡業的人現世及來世都活在悲傷中；當他們憶起自己曾經作過的惡行，內心便會受到折磨和感到悲傷。行善業的人現世及來世都活在喜悅中；當他們憶起自己曾經作過的善行，每每感到喜悅和快樂。

03 28

造作惡業的人現世及來世都會受苦，想起「我曾造過惡業！」而感到苦惱；當投生惡趣，痛苦俱增。行善業的人現世及來世都感到喜悅，想起「我曾行善業！」而感到喜悅；當投生善趣時，倍感快樂。

03

29

縱然誦讀眾多經論，卻未將之實踐，這類懈怠放逸的人，如同只管數著牛隻數目的牧牛人一樣，實際上未享到沙門的修行生活。雖然誦讀經論不多，但能依教奉行實踐，能捨棄貪、瞋、癡，具有正智，善心解脫，不再貪取今生與來世；這樣才算享到沙門的修行生活。

03

30

旅程已結束，再沒有憂苦；斷除一切束縛，自由自在的人，不會再有煩惱。

03

31

具正念的人喜愛出家，不喜愛在家修行；猶如天鵝飛離湖泊一樣，捨棄一切在家的生活。

04

01

出家人不積聚食物，他們了知食物只是為了維持生命；他們以空、無相、解脫作為修行目的；來去無跡可尋，猶如空中的飛鳥。

04

02

阿羅漢已斷盡煩惱，不再尋找食物；祂們住於空、無相、解脫的境界；來去無跡可尋，猶如空中的飛鳥。

04

03

阿羅漢諸根寂靜，猶如烈馬被御者調伏；祂們已摧毀我慢，諸漏已盡，連天人也仰慕。

04

04

阿羅漢已沒有憎怨，猶如大地；祂們虔誠堅穩，猶如天宮的柱子；祂們不再生死輪迴，猶如沒有污泥的深池。

04

05

阿羅漢意寂靜、語寂靜、身寂靜；祂們依佛正智而解脫，得到真正的平靜安穩。

04

06

擺脫盲從，證得無漏，斷盡繫縛，滅除苦因，摒棄欲望；這才是真正的上人。

04

07

我願地獄中的有情，因為我的福德善根，都能見到普賢、地藏等菩薩。以無礙能力所變現的祥雲；以及從雲端飄降而下，清涼芬芳令人喜悅的雨水；願目睹此情此景的地獄眾生，都能由衷地心生歡喜！

願聖觀世音菩薩心中不斷流出甘露乳汁，滿足餓鬼道眾生的飢渴，並使他們永浴其中，常得清涼！

04

08

如果已經做了惡行，不應該繼續再做；不要樂於作惡，累積的惡業必會招致苦果。如果已經做了善行，應該繼續再做；樂於行善，累積的善業必會招來樂果。

04

09

不要輕視微小的惡行，認為不會受到惡果；要知道，一滴一滴的水可以把水瓶盛滿，愚癡的人逐少逐少的作惡，最後積滿惡行。不要輕視微小的善行，認為善行不會受到善報；要知道，一滴一滴的水可以把水瓶盛滿，智者逐少逐少的行善，最後積滿善行。

04

10

若果傷害沒有垢染且清淨無瑕的善人，就好像把塵土扔向逆風一樣，反而傷害到自己。

04

11

只要有阿羅漢居住，無論是村落、林間、平地或山區，都令人愉悅！

04

12

山林宜居，惟世人卻不喜愛；只有不求欲樂的阿羅漢才感快哉！

04

13

一句有義理的話語，勝過千句毫無義理的說話；聽聞義理後能令人內心安寧。一句有義理的偈頌，勝過千首毫無義理的偈頌；聽聞義理後能令人內心安寧。誦出百句無義理的偈頌，不如誦出一句有義理的偈頌；聽聞偈頌後能令人內心安寧。

04

14

即使在沙場馳騁勝戰，千
軍萬馬，倒不如戰勝自心
，這才是最高的勝利者。

04

15

能戰勝自心遠勝於戰勝他人；能調伏自心，活著就懂得有節制。

04

16

就算天人、乾闥婆、魔王或梵天，都無法打敗那些能調伏和戰勝自心的人。

04
17

為了祭祀每月花費千金，如是長達百年，也遠不及頃刻間敬拜能調伏自心者。在林間進行火祭長達百年，也遠不及頃刻間敬拜能調伏自心者。

04

18

世人在整整一年間以豐盛的祭品供奉，祈求功德；但所得的功德，也不及禮敬正直修行者的四分一。

04

19

經常禮敬長輩及有德者，
可得四種增長：長壽、美
貌、安樂及力量。

04

20

佛陀告訴善現：凡是趨入菩薩乘的修行者，應當這樣發心：所有有情界，「有情」這一假名所蓋括的種種有情類；譬如卵生、胎生、濕生、化生；又或譬如有色界、無色界；又或譬如有想天、無想天，非有想、非無想天；總之由名言安立「有情界」所指一切任何形式的有情；我一定會全部引領他們進入涅槃，達致無餘依涅槃界。

04

21

雖然有無量有情眾生被引領達致涅槃，但實際上沒有一個有情被引領致涅槃界。為甚麼呢？佛答道：如果菩薩認為離身外有一個實有有情的念頭生起的話，他不應名為菩薩。

04

22

若果菩薩有例如「有情」、「命者」、「士夫」、「補特伽羅」、「意生」、「摩納婆」、「作者」、「受者」等形形式式的「我見」生起，就不能稱為菩薩！為甚麼？行持般若波羅蜜多時，根本沒有一種東西稱為「發趣菩薩乘的修行人」，發心亦不是實有！

04
23

菩薩應不執著於事而行布施度；菩薩不為了達成世俗任何目的例如報恩而行布施；因為為了不出現散亂，所以不執於色境而行布施，亦不執著聲、香、味、觸和思想概念而行布施。

04

24

如果菩薩不為達成世俗目的而行持布施，祂所得到的福德，不可思量。

04 25

菩薩如果不執著境相上的分別而行持布施，祂所得到的福德也是不可測度思量的。所以菩薩不應執著在境相上的分別而行持布施。

04

26

不能從外表例如見到具足三十二相八十種好就認為這就是佛。為甚麼呢？所謂諸相具足，只是化身佛遷異的諸相具足，並非法身佛離開三相遷異的諸相具足。

04

27

化身佛雖具足勝妙相好，但皆是虛妄不實的有為法，法身佛離開這些三相遷異的相好，雖以無相為相，卻並非虛妄。所以若遠離相、非相這些心所行境，就能見到如來。

04

28

即使後五百歲正法將滅時，亦會有持戒清淨、福德圓滿、具有能力斷除我想、法想智慧的菩薩，聽聞這樣有特色的般若經典語句，相信這是真理。

04
29

應當知道只有這些具戒、德和慧的菩薩因不只曾經讚美承侍一位佛陀，亦不只在一佛處種下善根；而是曾讚美承侍過成千上萬的佛陀，在成千上萬的佛處種下善根；這些具足三學，曾值遇如來的菩薩，當聽聞般若經典時，是會產生清淨信心的。

04

30

如來用祂的佛智和佛眼，以現量完全了知這些具足三學，曾值遇如來教導的有情，他們全部都生起了無量無數的福德資糧，並且薰攝無量無數的福德資糧。為什麼這些菩薩有這麼廣大福德？因為這些菩薩遠離一切我見，所以沒有我想、有情想、命者想和補特伽羅想生起。同時，菩薩因了解緣起的意義而不會執著任何東西都實有，亦不會執著任何東西都是實無；菩薩因了解空性的意義而不會執著空性可以用言語概念表達出來；亦不反對可以藉著言說概念向初基凡夫傳播空性學說。

05

01

若要無漏智生起，修行人便不能執著任何名相，所謂法與非法的分別。因為無論有「法想」生起或有「非法想」生起，都會連帶著有我執、有情執、命者執和補特伽羅等執生起。

05

02

為甚麼執著法想就有我想呢？因為微細的我執不顯現時，是會躲藏在內心深處，待例如是有法想、非法想等緣具備時，就會出現。由於這緣故，如來教修行人以般若體證空性，要捨棄修福慧的有關言教。就像船筏之喻一樣，既然到達了彼岸，便應捨去船筏。佛曾說：「隨順定善解脫的言教『法』尚且要捨去，何況是未能隨順空性的勝生安樂言教『非法』呢！」

05

03

如來所證得、所思惟和所宣說的無為法，都是不可執取，不可言說的；不能說它是實有，亦不能說它是實無。所以如來未曾獲得過一些實有的無上正等正覺，如來亦未曾開示過一些實有的教法。

05

04

賢聖們修行真如無為時有
深淺的境界，所以有修行
上不同的高低階位出現。

05

05

佛說：「假如有人將般若經其中四句頌領納在心，記令不忘；除將經文背誦得滾瓜爛熟，徹底通曉內容文義外，又向別人詳細解釋，教人依這種教言修止觀，他會因此比之前以七寶盛滿三千大千世界持用布施的人，獲得更多甚至無量無數的福德聚。為甚麼？受持讀誦、究竟通利，廣為別人宣說開示這本《能斷金剛般若波羅蜜多經》，教人依這法門修止觀，為何竟有如此大功德呢？因為聽聞此經，繼

而依教修行，才能得無上
菩提，顯露法身（真如）
；並以此經為緣，能生報
身和化身。」

05

06

為甚麼《能斷金剛般若波羅蜜多經》有大功德呢？因為這是十方諸佛親證真如的最勝教法，不是普通世俗人所知、能證的教法；所以《能斷金剛般若波羅蜜多經》堪稱十方諸佛共證的教法，是最勝的教法。

05

07

佛土功德莊嚴這句話所指是用來莊嚴佛土的，並非是有形相的七寶等華麗物質，而是指透過修行戒定慧斷除煩惱障來莊嚴佛土。所以佛說這種淨化內心垢障後所現起的精神境界，才是真正莊嚴佛土的功德。

05

08

菩薩摩訶薩要不執著一切相而生起真正莊嚴佛土的清淨心。不執著色聲香味觸法，亦不執著於非色聲香味觸法；不執著一切相而生起真正莊嚴佛土的清淨心。

05

09

佛的報身，如來說不是凡夫以分別心執著的身體，而是十地菩薩以無分別智照見無形相的報身，這才是真正廣大的身體。事實上，報身不是有執著的身體，而是無執著的報身自體。

05

10

事實上，以七寶滿載眾多恆河沙數三千大千世界用來供養如來、應、正等覺的功德；反不及依般若法門及將這部《能斷金剛般若波羅蜜多經》其中至少四句偈頌領納在心，記令不忘；除將經文背誦得滾瓜爛熟，徹底通曉內容文義外；又向別人詳細解釋，教人依這種教言修止觀的功德多。

05

11

如果某處有人在講授這部《能斷金剛般若波羅蜜多經》，即使只是四句偈頌；這塊土地也會像佛舍利塔般，應成為世間人、非天、諸天供養之處；更何況能將這部經領納在心，記令不忘；除將經文背誦得滾瓜爛熟，徹底通曉內容文義外；又向別人詳細解釋，教人依這種教言修止觀呢！事實上，這位講授《能斷金剛般若波羅蜜多經》的人，真的獲得莫大殊勝希有的功德；而講習這法門的地方，就好像變成釋迦牟尼導師的道場，應受到眾多有智慧修清淨梵行的人所尊敬。

05

12

《能斷金剛般若波羅蜜多經》是十方諸佛同說同讚，能斷盡如金剛般堅牢的煩惱障和所知障。因此緣故，佛弟子應當信受奉行此經；為甚麼呢？因為這般若波羅蜜多法門不是一佛例如單是釋迦牟尼佛一佛所獨說，而是諸佛同說的般若波羅蜜多法門。

05

13

不能見到具足三十二相的就認為這就是佛。為甚麼呢？因為佛說具三十二相的化身佛是由財施染因所招感，不是佛真正的法身；而無分別的法身佛是由持經清淨因而來，才是佛真正的法身。

05

14

相信《般若經》所說的真實語是無分別和不可執取，而不是執著《般若經》表面上有言說分別的文字；如來說這才是《般若經》所說的真實語。

05
15

佛所說六種波羅蜜多中，尤以般若波羅蜜多最殊勝；而般若波羅蜜多更是諸佛內證，得無上菩提後所共說的法門，不是二乘凡夫所能理解，所以最為殊勝。如來所說這最勝的波羅蜜多，不是一般人所體驗到片面的，不能藉著到彼岸的波羅蜜多；而是經佛內證，能度眾生到彼岸的最勝波羅蜜多。

05

16

著相的忍辱波羅蜜多，不是真正的波羅蜜多，只有離相而修忍辱的波羅蜜多，才是真正的波羅蜜多。

05

17

菩薩摩訶薩不會執著包括色、聲、香、味、觸和法等一切境相；亦不會執著一切非境相，包括非色、非聲、非香、非味、非觸和非法；一切所依其實都是無所依。所以修行人應當於能、所二取皆空的狀態下生起無住心。

05

18

菩薩要離相行忍，先要遺除一切對境相的執著，接著要安住於無形相的法身。為甚麼呢？因為執著境相的所住，都是不合理的所住！不能真正安住於佛法身。所以，佛說菩薩如果要安住於佛法身，就不能執著色等六塵而修例如布施之六度。

05
19

為了一切有情的世間和出世間利益，菩薩應以不著相並住於能取、所住皆空的心態捨棄財物去行布施。因為，執著身外有一個實有的有情作為自己布施對象的想法，是一個不合理的想法。

05

20

就好像一個置身於闇室的人看不到室內任何東西一樣，菩薩若以有住心而行持例如布施等的六度，衪便不能得見法身真如。相反，菩薩若以無住心行持例如布施之六度，便會好像夜去晝來，太陽一出，光明照遍大地；便能一清二楚地看到法身真如。

05

21

凡是趨入菩薩乘的修行者，應當這樣發心：我定當引領一切有情進入涅槃，達致無餘依涅槃界。雖然有無量有情被引領達致涅槃，但實際上並沒有一個有情被引領達致涅槃界！為甚麼？如果菩薩執著離身外實有一個有情的話，他不應名為菩薩。

05

22

包括佛在內，一切賢聖階位都是無為法，所謂真如的所顯。

05 23

「如來」就是真實真如、無生法性、永斷道路、畢竟不生的同義詞，用來形容諸法離言自性，本自不生，後亦不滅的無生法。能夠體證沒有起點的無生，是最殊勝的境界。

05

24

所謂一切法，是指真如的離言自性，而非世間能引生增上慢的真如增語；所以佛所說的一切法，只是佛內證真如時所證之法。

05

25

佛的真身並非由虛妄分別所起、凡夫所見，有形相及身高丈六的化身；佛的真身是非虛妄分別所起，無相為相，為大功德所依，遍一切處的法身。

05

26

倘若菩薩見法身真如，對人無我、法無我深信不疑的話，這就是真菩薩！

05

27

如來所說的法是不能以言語表達；離開能取、所取，根本無法可說。為了導引眾生證悟真如勝義境界，佛才以能說的化身、所說有概念名言的教法而施設方便。

05

28

無上正等菩提有三個特徵：第一，真如平等清淨，沒有任何增減；所以當諸佛轉依並以真如為自性身時，真如的清淨性亦平等地毫不增減。其次，真如內沒有絲毫我相、法相；所以沒有任何勝劣高下，一切平等。第三，無上正等菩提全是無漏純善種子，所以這種純善的無上正等菩提不單能現證真如，自覺圓滿；還能以善巧為別人開示，覺他圓滿。故說無上正等菩提是自他兼利圓滿。

05

29

令人得益的善法，不是指只求勝生安樂的世間善法，而是指能令人圓滿體證真如的無上正等菩提。

05

30

若有人以色身是否具足三十二相作為標準來衡量佛的修為，或是依隨著說法的聲音來尋找佛的蹤影，這凡夫異生已踏上徒勞無功的冤枉路去修行，這些人是不能見到如來的。應該這樣想：無相的真如法性，即是釋迦牟尼導師的法身；這真如法性並非世間有分別的知識所能把觸，所以凡夫不能得見法身如來的本來面目。

05

31

那些發心修行大乘的人，
不會說有些東西在因果作
用上會壞會斷。

06

01

菩薩應攝受能引發無上正等菩提的福聚，不應攝受世間貪求自身享樂的福聚，所以佛說無漏福聚，才是菩薩所應攝受的福聚。

06

02

若有人說如來是出生而來，入滅而去；曾說法而住，坐在菩提樹下而成道，臥於雙樹間而入滅的話，這人只注意到化身的生平行誼，尚未聽懂佛所說的，其實全部都是佛內證真如的教法。為甚麼呢？所謂『如』，是真實真如的同義詞；法身就是真如，根本都無所去，亦無所從來；這就是法身如來。

06

03

佛所說的三千大千世界，只是用來譬喻法身，不是指三千大千世界。另一方面，世界只是總攬眾多極微而成，不是實有。如果執有實的世界，這就是一合執。另一方面，佛雖然多次說有世界，但這只是隨順眾生的名言施設，不是認為真的有一合執。這些一合執根本如空中華不存在，不能視為法抑或非法；討論這些不存在的一合執，只是一場笑話鬧劇，只有愚夫異生才會執著一合執。

06

04

我們對五蘊現象生起一合執，佛為了隨順世俗，於是將這種執見安立為我見、有情見、命者見、士夫見、補特伽羅見、意生見、摩納婆見、作者見、受者見等等名相概念，用以開導我們要捨棄這些執見；非如凡夫外道執著實有的我見乃至受者見；所以佛所說的『我見』都是假立的名相概念。

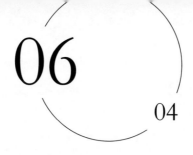

06

05

發心修行菩薩乘的人，應該透過聞慧了解法無我，以思慧觀察法無我道理；以修慧於第四禪——捨念清淨定，生起淨信慧解，引發無漏無分別根本智現證法無我，遣除法執；以無漏有分別後得智於出定後觀諸法現象時，雖有法想然不執之為實。為甚麼呢？所謂法想，例如五蘊、十二處、十八界等名相概念，如來說是不能執之以為實的名相概念；因為這些名相概念都是如來假名施設，用來教導弟子修行證人無我、法無我的。

06

06

佛為了指出如何在生死和說法時無垢自在，於是說了一首偈頌：「應以正智對世間依緣而生起的東西作如是觀：觀心法如星、觀境相如翳、觀報識如燈、觀居處如幻、觀身如露滴、觀受用如泡、觀過去如夢、觀現在如電、觀未來如雲。」

06

07

從今開始直至輪迴的終結，我將與三寶不分離，而且更要為利樂他人而努力。

06

08

神聖的三寶啊！祢是無欺的皈依處。珍貴的怙主啊！祢指示了究竟的目標給我。稀有的醫王啊！祢療癒我煩惱的病源。願我與祢永遠不分離！我向祢祈求皈依，直至成就無上菩提為止，我祈求皈依祢。

06

09

五濁惡世眾生極墮落：自己作惡卻諉過他人，奪取別人的利益，說話之間取笑他人；積累眾多不善業。

06

10

雖則自稱通達一切經論，
騙子不會將教義付諸實行
。當我見到如斯可恥的人
，我最崇敬的師父啊！一
刻我也不敢遠離你。

06

11

無論書中有何缺失，我請各位大德包涵；任何生起之功德，我也將之迴向利益一切眾生成就無上菩提。願我生生世世皆獲人身，而且戒行清淨。願我時刻陪伴在上師左右，專注於聞、思、修佛法！願所有善士都能如願！

06

12

要完全安住於寂靜處，遠離塵俗城市；猶如一頭野獸的屍體，將自己隱藏在森林中。

06

13

憶念你的上師，皈依的根源；視自身為本尊的本質；恆常用持咒來攝持；思惟一切有情為父母；體驗心之本質為空性。以此五緣為基本，一切善根令清淨。

06
14

由於有信心，修行人能奉行皈依三寶及十善業道等法門；由於具足智慧，就能如實了知諸法真實。兩者比較起來，智慧較為殊勝；而信心是智慧的前導。

06

15

雖然我們沒有想過自己的肉身是恆常不變的，但我們卻也沒有察覺到它們其實時刻都很細微地在變化；當然，對於較粗糙的變化和它們必定會死去，我們都是知曉的，可是死亡似乎始終也沒有為我們帶來現前的重要感、迫切感，因為死亡好像不是即將逼近要發生的事。

06

16

眾生所謂的「我活著」，
只是心念一剎那的光景；
眾生不能了悟這個道理，
因此了知生命無常者極為
稀有。

06

17

眾多不同形式的痛苦和不安都會在我們不自覺間自然冒起來，相反，快樂卻很少，得到快樂亦很困難。我們所經驗到的快樂，很多時都要很吃力才能得到，甚至要由外在的因素而得，所以便像是身外物。另一方面，痛苦和不安則不須任何外來的刺激，仍時常發生。

06

18

過份地哀悼親友即是把痛苦輾轉遍佈世間；世間凡夫已充滿痛苦，何必在痛苦之上再添加更多痛苦呢？

06

19

忤逆不孝的兒子，父母是不會愛護的，但兒子孝順時則起貪愛，如此的貪愛只不過是一場交易而已。

06

20

世間人對下一輩子女極其愛惜，而子女對父母則非如是愛錫；雖然父母百般艱苦撫養他們長大，但由於子女感恩心極其微弱，頃刻間便拋棄父母恩德。由於心被貪執牽引以致積累惡業，就如水往下流一樣，世人大半會趣向下墮地獄。是故往生善趣尚且艱難，更何況是解脫。所以你要真誠尊敬所有長輩。

06

21

凡夫一般都希望能久活；但到你年長時髮白臉皺、顏容憔悴、齒落背傴、行動緩慢；卻又對衰老感到厭惡。只有這般愚癡的人才會認同這種矛盾的行為吧！

06
22

是什麼緣故令你要出賣自己靈魂，造作惡業？你是否已如聖人般遠離垢染？

06

23

成為菩薩有三個條件：第一，要有一顆誠意為護持一切眾生離開痛苦的大悲心；第二是擁有通達遠離實有和虛無兩種邊執的無二慧；和生起了菩提心，即一顆願自他皆能成就佛果的心靈。

06

24

為了獲得珍貴的菩提心教法，我謹向諸佛、清淨無垢的殊勝正法、所有登地菩薩聖眾，這些廣大功德海，獻上圓滿之妙供。我願獻上一切鮮花和妙果，種種上好療疾之靈藥，世上一切珍奇之寶物和飲下即令人心曠神怡的淨水。我內心觀想顯現滿溢珍寶的妙高山，遠離塵囂靜謐舒適的叢林；天界眾樹花蔓繞，枝葉茂盛果累累。人天二界芬芳香氣；燃香、滿願樹及眾寶樹；蓮花莊嚴池塘及湖泊，天鵝鳴聲甜美，非常悅耳；以及每一樣都值得奉獻的珍貴物品；大自然一切事物自由自在盎盎生意，展延及至無邊無界虛空中；不用耕種自然收成的自然稻。意念觀想這一切成為無上成就諸佛佛子之禮物。大悲怙主啊！請以慈愛惘念我；請接受我的供養。

06

25

猶如文殊、普賢等已得自

在的菩薩，祂們往昔以遍

滿虛空之妙供呈獻諸佛，

我亦如是隨喜供養如來、

怙主及諸佛子。

06

26

從無始輪迴以來，我這無
知的罪人，無論是自作或
教他人所作的一切罪惡；
以及任何因愚癡而隨喜的
惡業，因而傷害了自他；
對此等過犯如今我懺罪，
希望以此悔過獲赦宥。

06

27

從來也不知道自己的生命原來是這樣的短暫，所以我才因貪瞋癡而處處犯惡業。生命於晝夜間無有止息地消逝，沒有東西能令它增添。我可以不死去嗎？雖然躺在床上，有親人在床邊悉心的照料，但命終氣絕時，四大分解之痛苦，惟獨自己一人默默去承受。臨終遭死魔的牽纏，親友于我有何用？此時我才知道只有福德方能保護我，可惜我生前卻從未認真去積集。

06

28

難以信任是死神，因為他不會管你是否經已清淨罪業，也不會理會你健康抑或有病，他就如同一個突如其來的雷電，隨時都會降臨你面前。人壽多麼短暫，絲毫也不可依恃。一切曾經驗過的，就只會變成記憶，就如夢境一樣；一切都會變成過去，永遠不能再復見。就算是在此生，我已目睹眾多親友和仇敵去世，可是我為了他們而造的惡業，現今仍歷歷印在自己腦海中。

我不知道自己的生命原來是這樣的短暫，所以才因貪瞋癡而處處犯惡業。怙主啊！我是如此的懶散，也未曾知曉死亡是這樣的險峻，故此才于此無常之身，生起貪執，造作種種惡業。

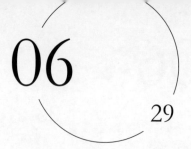

06

30

佛是一切眾生的保護者，心懷慈悲，竭力救護一切眾生，佛的大威德力能消除眾生所有的恐懼，所以從現在開始，我要皈依佛陀。同樣，我也要皈依釋尊所親證能解除輪迴怖畏的無上妙法，以及所有菩薩聖眾。死亡的恐怖使我驚惶和顫慄，為了擺脫這種怖畏，我要將自身奉獻給普賢菩薩，也要將此身體供獻給文殊師利菩薩。我要用力哀慽呼求觀世音菩薩——大悲功德滿盈的怙主，願祢保護我這個大罪人。為覓得救護，我誠心誠意祈請聖虛空藏、地藏菩薩，及一切大悲的聖者。我向金剛手敬頂禮，我亦要皈依金剛手菩薩，那個心懷瞋恨的閻魔使者見到了非常害怕，嚇得向四方逃跑。過去曾忽視你的教言，如今面對怖畏之境，我向祢皈依；請迅速解除我的恐懼吧！

07

01

心想：「死亡今天不會降臨我身上」，因而耽著放逸的狀態；這是不恰當的做法。生命終有一天消逝，這是難以避免的。誰能賜我無畏無懼怕？我能怎樣逃避它？死亡是必然的事，為何我心仍然放逸？一切消逝的經歷，今於我有何價值？然而我仍存貪執，且更忽視上師之勸誡。對於親眷友人、世俗生活我已捨，獨自一人上路，漂泊無固定的居所，分別友人或敵人有何用？

07

02

願我透過七支供養而積累的功德，令每一個眾生離苦得樂！

07

03

要透過完全的奉獻才能達致涅槃，涅槃就是我希求的目標。因此一切東西都必須捨棄，而最佳的做法就是送給他人。

07

04

對於生存在虛空邊際內的每一條生命，願我供給他們生命力和養份，直至他們超出痛苦的纏縛。猶如過去具足覺悟心靈的諸佛，以及在諸聖菩薩的誓戒下，次第安住及修煉；如是及為眾生之利益，我也擁有這種心靈，以他們的誓戒，我將次第訓練自己及將自己安住於這境界。

07

05

懺悔罪障和積集資糧，都是為了生起菩提心而作好準備，例如先淨化內心的污垢；皈依是深信三寶能讓我們從輪迴的痛苦解脫出來，免除我們的恐懼心；禮拜是淨化我們的傲慢心；懺悔對治瞋心；隨喜對治嫉妒；請轉法輪增長智慧，對治我們的無明；請佛住世堅定虔敬，對治我們的疑心；普皆迴向對治我們的慳吝。這幾點做好後，內心大致上已得淨化，世俗菩提心令內心穩住。

07

06

假如我許下承諾要利益眾生，但又不能守諾言的話，那麼，所有眾生都被我出賣；我做人還有宗旨嗎？如佛經中所說：「假如有人心想作出丁點兒奉獻，但接著又退轉，這人將轉生成餓鬼。」

07

07

任何人只要有一剎那障礙菩薩行持功德，他將無止息地在迷惑中流轉，因為一切眾生的利益都被損減。只是毀壞一個眾生的安樂，你自身將同樣遭受毀損。破壞了所有人的安樂還有什麼話可說呢？

07

08

為了利益一切有情眾，過去已有無量諸佛住世及入滅，但以我這般放逸的罪人，難以被攝受到祂們度化的範圍內。假如我繼續明知故犯，依舊放逸；下三惡道受痛苦的纏縛、傷創和截割將會是我未來的命運。諸佛於世間的顯現、真實的信佛、獲得暇滿的人身、天賦的善根——這一切都極為稀有難得；倘若一旦失去，誰知哪一天才能重新獲得？

07

09

如今我雖健壯，有足夠衣食，又沒有煩惱，但這期生命太短暫，而且又靠不住。其實這身體只不過是暫借給我，很快便會失去。而我這樣放逸的行為，後世將不再投生人道！若失去這期寶貴的人身而後生於惡趣，就只有繼續造罪，缺乏修善的機會。我將因太多的惡業而再難得生善趣了。當下就是行善的好機緣，如果我還不好好把握成就功德的話，當我下墮惡趣、陷入惡趣的迷惑困境時，我的命運將會是如何？我該怎樣做才是？墮入惡趣後，不但沒有機會修任何功德善業，而且還只管犯惡積業，如此縱經歷一億劫，也聽不到善趣的名稱，快樂亦恐怕難臨我身。就是這個原因，世尊曾經宣說，如一頭在無邊無際的海洋中浮沉的盲龜，偶爾把頭伸進浮在海面漂浮不定的木軛中，投生為人恐怕比此更困難呢！

07

10

既然獲得了這個暇滿人身，假如我仍不懂得去訓練自己修善，還有什麼比此更愚癡的呢？有什麼比此更能出賣自己呢？縱使我對此完全明白，但我又把光陰花在無意義的事情上，當死亡降臨時，我一定會憂愁苦惱。

07
11

現在我就好像受了魔法一樣，變得麻木，內心感到完全無能為力，好像被蠱毒潛藏在內心操控著。我已沒有知覺，究竟我在發生什麼一回事？瞋恨、貪執——我的怨敵——無手無足亦無感官；它們既無勇，也不聰穎；我何以成為了它們的奴隸呢？

07
12

即使所有天和非天等一同與我為敵，如此強大的力量也不足以令我下墮無間地獄中。可是，我的煩惱怨敵竟能於剎那間令我墮進地獄之火，這個連須彌山王也能被燒至灰燼之處。

07 13

雖然我立誓為要度盡十方虛空際的眾生解脫其煩惱，可是我自己卻尚未解脫煩惱。因此，我可算是不自量力，如此立誓確是誑語。因此，對於與煩惱的爭鬥，我必須恆時精進，永不退轉。

07

14

一切痛苦非來自外界，而是完全由內心創造出來，並沒有外在的力量或造物主能操控我們；反之，快樂、痛苦、美好、醜陋，完全是個人及群體業力共創而已。

07

15

對於希望行持正法的人，他們必須徹底地保護自己的心令不放逸。如果不能守護好這顆心，根本不能守持任何戒律。

07

16

不放逸要以正知和正念對治。正知是時刻都知道自己當下所做是甚麼；走路時知道自己在走路，吃東西時知道自己在進食。正念是不忘佛的言教，對境現起要知取、捨。

07

17

我們用正知為手，正念為繩索，緊緊地拴住那如狂象粗野的心，內心的恐懼便會完全消失，每一點功德也會流進我們手中。

07

18

獅子、老虎、大象、巨熊、毒蛇等一切具敵意的凶猛野獸，地獄的獄卒，還有惡鬼羅剎等妖魔鬼怪；我們只要簡單地以正知、正念來約束著這顆心，一切的怖畏便會自然受到控制。調伏這顆心，所有害敵都變得馴服。佛陀也曾說過：「世上一切恐懼和焦慮，以及一切無量的痛苦，都是從內心產生出來的。」

07

19

六度皆依自心而建立。

所謂圓滿佈施波羅蜜多，是內心樂意將身體、一切財物和果位功德皆作為禮物，賜予每一眾生，經教說這就是佈施圓滿。因此，佈施波羅蜜多完全是依心而圓滿。

需要將魚兒等有情安置到哪個地方，才不至受到傷害呢？決意不傷害牠們，完全捨離殺盜等惡念時，就是持戒圓滿。

頑劣的有情多得如虛空，何時才能把他們全部降伏呢？一旦息滅內在的瞋心，則等同消滅了外在的一切怨敵。同樣，我們不可能將外界所有仇敵都全部制服，而只要調伏自心瞋恨，還有什麼外在敵人需要被制服呢？就像為了保護雙足，避免被刺傷，如果你認為要用牛皮來鋪蓋大地是方法的話，那麼你可以找到多少塊牛皮才足以把它全面覆蓋呢？不過，只要你用適量的牛皮來包著自己雙腳，不就等於用牛皮鋪遍大地嗎？

僅是生起一份清淨堅定的心，也能獲得生梵天的果；身口縱然勤行善，要是內心意樂萎弱，也不能獲得生梵天的果。所以意志堅定地行善，就是圓滿精進波羅蜜多。

即使長時期修習誦經和其他苦行，但心卻向其他的外緣散亂；了知真理的佛陀說：「那是毫無利益的。」所以內心精神集中、思想清明、反應敏捷，就是圓滿靜慮波羅蜜多。

對「心的奧秘」缺乏認知，又不深入瞭解佛法的殊勝精要，縱然他們努力追求快樂，避免痛苦，仍免不了要無意義地在輪迴中流轉。所以知道「心是何物」，就是圓滿智慧波羅蜜多。

07

20

作為修行人，應好好地抓緊自心，好好地守護著它；除了以正知正念守護心的禁戒外，其他諸多苛刻的禁戒對我有何用？假如我日常時時刻刻也如此地小心謹慎，那麼就算是活在瞋恚煩惱深重的惡人群中，或是與下賤婦人為伴，一切都不成問題了。

07

21

有很多人具足奉獻心，性格堅毅；而且學識廣博，充滿信心。可惜因為缺乏正知，不知如何警策身語意三門，最終還是會為墮罪所染。

07
22

經常跟隨上師尊長，聽聞正法的開示，畏懼墮落，這樣有善根而又敬信佛法的人，經常生起正念。

07

23

諸佛和菩薩具清淨無礙見，因此我們所有行為和心念，必能呈現在祂們眼前。如此思惟，我們會生起慚愧之心，因而恆念正法。

07

24

當正知好像哨兵般穩定地守護身語意三門，徹底防止煩惱侵襲，心亦安住於憶念正法後，縱然有時暫且忘念或散亂，都能隨即返回正道。

07

25

為了察看道路上的危險，我將會四面觀望。停下來休息時，我會回頭看看自己所行的道路。我亦會探索前面的道路，看看是否應繼續前進或折回。因此，在任何情況下都應認清自己的需要，然後才作出相應的行動。

07

26

心常住於三摩地，一剎那也不應讓心鬆散於外境，應當念念相續，恆常審察自心：我的心意正在想念著什麼？

07

27

當我們進行某些計劃時，不可再想其他事情。注意力必須放在指定目標上，首先圓滿成辦這件事。只要這樣做，所有工作都能順利完成；要不是這樣做的話，便會一事無成。如果真的能做到這一點，不正知這個煩惱就不會增強起來。

07

28

遇到無意義的閒談，或種種精彩動人的感性情景的戲劇時，如萬不得已遇到這些場合的話，自心應斷除貪著而謹守正念。

07
29

當內心浮躁不靜，又藐視別人；或者恃己凌他，執己為勝；或有批評別人的動機，待人虛偽，想以言行誑惑欺騙別人；或想讚揚自己；或者想要詆毀誹謗別人；或想惡口罵人，並挑撥離間；或者欲望萌生，不管是由貪心抑或是由瞋恨之想而導致，切莫付諸行為，保持緘默，不發一言！這時應如大樹一樣安住下來。

07

30

對三寶要有甚深的信心；而且要從內心生起穩固的定解；意志須堅韌穩定；態度要謙恭有禮；做壞事要感到羞恥；做錯事要懂得害怕；畏懼罪惡的果報；保持身心寂靜；儘量令別人快樂。

07

31

愚昧的眾生意樂千差萬別，極難盡如其意，所以切勿與之爭吵。自己不該因此而對他們生厭，因為他們是受煩惱擾動才產生這種心態。想到這一點，就該對他們心懷慈愛。

08

01

為了自己和眾生的利益，
我應當遠離犯戒；此外，
為了避免因利益眾生而生
起了我慢，應該了知自己
這種利行猶如幻化，謹慎
地守護自心。

08

02

內心生起一念瞋恚，就會摧毀千劫以來佈施、供養諸佛等一切善行所積聚的福德善根。

08

03

沒有任何一種罪過像瞋恨那麼惡毒，也沒有一種修持像安忍那麼難行。所以行者應至誠地以種種方便，努力修持安忍。

08

04

如果一個人內心被熾熱的瞋恚佔據著，他的心意便得不到寧靜，身心亦難感受到所享的喜樂，而且會心煩氣躁，甚至不能入睡，精神崩潰。

08

05

就算你平時對別人很好，
給別人很多利養，很多幫
助；但是如果你容易瞋怒
，反而使別人生氣，甚至
想把你殺害。

08

06

瞋恚會導致親友對自己生起厭煩，即使你用金錢拉攏，他們也不願前來親近依止。如果我們的心已經懷了瞋恨或忿怒，是沒法得到長久安樂的。

08

07

由於有瞋恚這個敵人，所以為我們帶來種種過患和痛苦。反之，能精勤堅持於消滅瞋恨，這人必定能在今生和後世享受安樂。

08

08

生起瞋恨主要原因不外乎：別人強硬地做了我不喜歡的事情，或阻撓我想做的事情。助緣成熟，瞋恨心就會盛發起來，毀滅自己和他人。

08

09

我應盡全力，徹底斷除滋養瞋恚的助緣，並且常懷歡喜心。因為瞋恚除了傷害我外，就無有是處了！

08

10

所以無論面臨甚麼事，都不應擾亂歡喜的心境；因為悶悶不樂不但於事無補，反而會使人失壞眾多善行。如果事情還可以補救，為什麼不保持歡喜心呢？如果事情已無計可施，生氣憂惱又有什麼益處呢？

08

11

在輪迴中，產生安樂的因何其稀少，但導致痛苦的因緣則極其繁多；然而沒有痛苦就不會生起出離心，因此自心應堅毅地安忍痛苦！

08

12

漸次修習忍受小損害，養成為習慣後，萬一有大苦難臨頭，也就能夠安忍了。

08

13

對寒熱風雨等天氣的變化，以及疾病、捆縛、捶打等傷害，不應該太嬌弱，以致不能忍受，如果內心脆弱不堅忍，傷害之苦受反而會增強。

08

14

有人見到自己為敵人所傷而流血，反而會增強毅力和勇氣；有人看到別人流血，則會驚慌害怕而休克。這二者的巨大差異，完全是由於內心堅毅和懦弱而導致；因此，不要太在意病苦和傷害，不要理會所有的苦難！

08
15

真正的智者，能安忍些微的苦，清明的心亦不會受到干擾。在與煩惱奮力作戰時，雖然會有很多傷害和痛苦；此時我們應當藐視這一切的苦受，征服貪瞋這些怨敵。

08

16

傷害和痛苦會令堅忍的修行人生起厭離輪迴的心；除掉驕矜傲慢；悲愍陷於生死苦海中的眾生；羞於作惡和歡喜行善。

08

17

我們雖然不希望患病，但是疾病仍難以避免；同理，我們雖然不想有煩惱，但是在業緣逼迫下，煩惱仍然會湧現出來。

08

18

雖然我們沒有想到「要瞋恨！」，但是仍會不能自控地瞋恨起來。雖然沒有想到「要生起了！」，但瞋恨同樣會自然生起。所有大大小小的過失，各種各樣的輕重罪惡，一切都是由因緣而生，完全沒有自主的能力。

08
19

即使你的敵人受到損害而苦惱，這又有什麼值得你高興呢？縱然能如願以償，仇敵都遇害受苦了，這又有什麼值得你高興呢？如果說這樣能讓自己心滿意足的話，哪有比這更容易招感禍害惡果的呢？

08
20

願地獄中受苦有情能見到文殊菩薩而大聲歡呼：「朋友！不要害怕，趕快到這裡來！我們的上空有頂具五髻的文殊童子，祂身閃金光，威力無窮。生起了殊勝菩提心的文殊菩薩，能滅除諸惡趣之苦，引安樂予眾生，令怖畏盡除，誰願意離祂而去呢？」

08

21

如果只是為了虛假名聲，
這樣不但耗損財產，而且
還白白浪費寶貴的生命，
得到名譽的言詞對我又有
什麼用呢？死亡時，美名
又能令誰感到快樂呢？

08

22

我因為別人的快樂而快樂，希望所有的人都能快樂；如果有人因為我的敵人受到讚賞而快樂，我為何反而因此悶悶不樂呢?

08

23

所以當我受到別人稱讚的時候，如果內心因此而感到歡喜，這種歡喜其實沒有什麼意義，只能算是一種無知稚童的行為。以沙堆成的房屋倒塌時，幼稚無知的孩童會為之而傷心哭泣；同樣，如果因為失去虛幻的名譽而傷心，那我豈不是如稚童一樣無知？

08

24

讚美稱譽只會令心掉舉散亂，損壞自己的厭離心，使我嫉妒具有福德才學之人，破壞圓滿福慧資糧的法行。因此，如果現在有人想損害我的聲譽，他豈不是在救護我，令我免於墮落惡趣嗎？

08
25

末世修行人要好好珍惜自己的信心、福善和功德，反省過往所造的惡業，改過自新；內心不可生起嫉妒、瞋恨，不跟別人競勝。

08

26

我只想追求自他解脫的大安樂，不須要世俗名利恭敬的束縛。對於表面上損害我的聲譽，實際上是解除我受名利束縛的恩人，我為何要瞋恨他們呢？

08

27

如果因為「仇敵會障礙我修行！」而瞋恨他們，這是不應該的。因為沒有一種難行的功德比得上安忍，為何不安住於忍辱呢？

08

28

如果沒有敵人，就沒有辦法修安忍。怨敵是修習安忍，成就福德的必要條件，何故要視之為障礙呢？

08 29

修安忍的外緣——怨敵，
實在極為難得；就如出現
在窮人家中的寶藏般稀有
。安忍是能助成辦菩提行
的良伴，所以我應該喜歡
自己的仇敵。

08

30

安忍要有「我」和「我的敵人」二者才能修成。所以一切修習安忍的功德果報，應該首先獻給我的敵人，因為敵人是修忍的有力助緣。

08

31

因為有了這個瞋恨心非常強的仇敵，才能夠讓我們更堅穩地修安忍；所以讓我們生氣，阻礙我們的敵人，是我們得到安忍功德的正因。因此，他們就好像正法般值得我們供奉。

09

01

當別人受損害苦惱時，我到底能從中得到什麼利益呢？若能從中獲益，按照世俗來說，你去高興，也勉強說得過；但怨敵縱受到天大災禍也好，實際上對你也毫無利益。巴楚仁波切在《心止師教》中引了一個例說：「惡念對別人沒有任何實質的傷害，但自己反而積累嚴重的惡業。從前有兩位著名的格西，互起競勝。一天，其中一位格西聽聞另一位格西有了女人，這位格西吩咐侍從說：『為我準備一些好茶，我聽到一個好消息！』侍者煮好茶，便問格西：『究竟是什麼好消息？』『我聽人家說，我們的對手有了女人，破了戒。』當滾幫劄嘉聽聞這消息後，臉色一沉，並且問道：『究竟兩位格西是哪一位犯了惡業？』」

09

02

如果我們在過去世沒有傷害過別人，現在是沒有任何業力牽扯我們去受別人傷害的。如果你過去有修善業，現今的怨敵必然很少；如果你修得好，怨敵傷害便會越來越少，那麼你更要珍惜傷害你的人，以他作為修安忍的福田。

09

03

當我們證得解脫果報之後，我該怎樣去回報敵人呢？不能只給一些物質的幫助，這種幫助作用不大！最好是給敵人佛法，幫助他們解脫，讓他們得到究竟的安樂。

09

04

如果病了，要看醫生；病情輕的，醫生開苦藥給我們；病情重的，就要動手術，甚至截肢斷足；在醫療期間，我們不是要吃苦頭嗎？但我們不會對醫生生氣，因為我們知道醫生給我們吃苦頭，目的是要醫好我們。這個目標意圖很明確，我們不會懷疑醫生對自己的誠意。但怨敵就不同。因怨敵給我們吃苦頭，給我們困難，最終要我們修安忍才獲得福報，而自己在怨敵給予的苦難中，反而會得到很多寶貴的修行智慧，所以如果能視怨敵如同醫生般幫助我們，我們就不會抗拒怨敵，亦不會不安忍，失去修安忍的機會。尊敬怨敵這個原理不是相同嗎？

09

05

很多的誹謗、是非、喜惡等，都是由於業力因緣所招感的法，不是理智所能理解的。譬如有的人言行如法，但別人總覺得他討厭，於是對他生起了誹謗。以前釋迦牟尼佛在世時，外道首領飲光每看到世尊，都覺得世尊長得很憔悴，所說的話也很刺耳，這些都使他無法自主地去誹謗佛陀。

09

06

瞋的產生主要來自貪，當自己過度貪愛某人或某物，只要某人或某物受到負面影響，便會因愛成恨，馬上生起瞋心。所以要厭棄、丟掉的東西是什麼？不是背離三寶、朋友，而是將對他們的愛執丟掉。內心一旦沒有貪執的對象，瞋恚就很難生起或加強。

09

07

如果我們認為別人的快樂只是他人的事，與自己無關，所以不必隨喜；就好像僱用工人來工作，為了讓他願意繼續工作，所以付錢作為工人的報酬。如果認為付的錢只是工人高興，而不是讓自己高興，那麼這筆錢只會令工人快樂，而不會令你快樂。有這樣的想法和行動，你一定不會開心，因為工人會離職，再沒有人為你工作。

09

08

世尊在《法句譬喻經》〈忿怒品〉說：「世有八事興長誹謗皆由名譽，又貪利養以致大罪累劫不息。何等為八？利衰毀譽稱譏苦樂。自古至今鮮不為惑。」古聖大德如阿底峽尊者、仲敦巴等，常提到真正的修行人要心捨此生之事；心捨此生主要是指放棄世間八法。

09

09

初發菩提心，目標是利益眾生，帶領他們解脫。因為往昔種下善因，現在樂果成熟，得到名聞利養，而自己內心受「我見」、「我愛」所障蔽，對別人快樂及受人信戴反生起瞋恨及嫉惱，這完全是忘記了自己最初入佛門的本懷。

09

10

博多瓦格西（1031-1105）說：「我最大的毛病是別人有再大的功德，我也看不到，別人再小的過失，我也看得出來，而自己的過失再大也無法自知。」現在末法時代，人類自相續的煩惱熾盛，尤其是「我見」、「我愛」二魔作祟，佛弱魔強。其中最明顯的是修行人不好好地珍惜守護自己的功德善財，還要去覬覦別人，尤其是敵人的名聞利養，見到別人超勝，就去攀比；比不上人，就心起嫉妒；不去追尋煩惱根源，實在是自己修行福德不夠，前生惡業未淨所致。這種競勝做法只有糟蹋、坑害自己，摧毀自己辛苦積累的功德善財。

09

11

如果你已發了菩提心，對怨敵就更加要有耐心。你要知道，當這個人生起了瞋恚，現在他內心已很痛苦，而且將來還會有大惡報；再者他生起了瞋恚心，其實是被惡念所控制，身不由己；這時你若安住於忍辱，便會生起更高、更深、更廣大的菩提心；而且菩提心的功德更是與日俱增。

09

12

遇到傷害，不要起瞋，要反思己過！同時，我們理應感激敵人給我們修安忍的機會，藉此消除我們的罪業，累積福德！

09

13

眾生皆是緣生的顯現，對他們生起瞋恚心是不當的。一切現象都是非獨立的，都是受條件限制的，瞋恚生起的種種條件也是如幻的，不要以為敵人永遠是壞，自己永遠是好，這樣便更容易修安忍。

09

14

佛陀在無始輪迴以來做過種種偉大的利生事業，肯定我們亦曾經因而受惠。為了報答佛恩，我們好應該做一些令佛歡喜的事；例如請佛寬恕自己以前因傷害眾生而令祂傷心的事，保證以後永遠不再傷害眾生；儘量做些利益眾生的事，令佛歡喜。

09
15

為什麼我還看不出，取悅有情產生的巨大善果呢？取悅有情，能在未來成就佛果，今生也可以享受美譽等榮耀。

09

16

在生死輪迴之中，修習安忍令人有：莊嚴殊妙的容貌、沒有病痛障礙的健康身體、美好的名聲、長壽久住，甚至能得到如轉輪王般的快樂。

09

17

安忍怨害、利樂眾生，令如來歡喜，能成辦自己的利益，也能消除世間的痛苦，因此我要恆常修習安忍。

09

18

由於我往昔傷害過眾生，令悲憫眾生的諸佛傷心難過，所有這一切罪過，我今天都發露懺悔，祈求諸佛慈悲寬恕。

09

19

具有大悲自性的佛陀，已將這個世間的眾生當成是祂自己；祂無疑已見到：佛與眾生在體性上無二無別；那麼我們為何不敬重眾生呢？

09

20

對善法歡喜的心態就是精進。達到精進的結果只有一個：就是自然而然的，毋需造作用力的行持善法。

09

21

貪圖懶洋洋的舒適感受，喜歡躺臥床蓆，愛好睡懶覺，對輪迴痛苦沒有積極厭離，就會經常產生強而有力的懈怠。

09 22

你身邊的親友已逐個離世了，難道你沒有看見嗎？懈怠的人對此竟然無動於衷，就像牛看見同類為屠夫牽去宰殺一樣。逃離的通道已全部被封死，而死神正在物色處死的對象，為何你此時仍能安心的貪著美食、耽著睡眠和滿足本能呢？

往往在我們未完成這件事
，或那件事剛著手去幹，
又或是現在只是完成了一
半，死神就突然降臨了，
那時你只能悲歎：「噢！
我真是一個可憐的人。」

09

24

臨死時看見親友憂傷難過，雙眼哭得又紅又腫，淚水不斷從面頰滾落下來；此時與意志消沉、絕望悲傷的親友分手，自己獨個兒去見閻魔使者恐怖的臉。

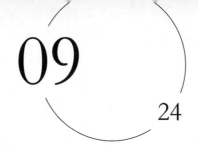

09

25

臨死時所受的畏懼，猶如掙扎待宰的活魚；更何況地獄眾苦是由宿罪引來，其難忍的怖畏痛苦，就更加不用多說了。已經造下這種火燒地獄罪業的人，為何還能如此逍遙渡日呢？

09
26

不肯精進修習，卻希冀得到安樂成就；嬌弱不能忍苦，卻頻繁不休地造罪；明知老死將至，仍然如天人一樣放逸渡日，這人最終一定會被痛苦折磨摧毀。

09

27

喜愛正法是無盡喜悅之因，你為什麼要捨棄這種殊勝的喜悅，反而去喜歡散慢和無聊嬉笑等無盡痛苦的因呢？

09

28

一旦決意放棄懈怠的修行態度，一連串如謹慎、自制、自他平等和自他相換的能力便會湧現。

09

29

佛在經文中說過：「所有蚊虻、蜜蜂、各種昆蟲和蠕蛆皆能透過其精進力，獲證無上正覺。」我不應氣餒、怯弱畏縮，懷疑自己不能獲證無上菩提，因為如來是實語者。

09

30

生而為人，就有明辨是非善惡、利害得失的能力，只要我不偏離佛法的指引，精進修持，哪有不獲證覺悟的道理？

10

01

所有醫生都會用一些令人輕微痛苦的療法來治病。因此，要消除輪迴中的無邊痛苦，便應該忍受修行中輕微的痛苦。

10

02

佛陀教人首先惠施菜蔬等容易施捨的物品，等到習慣了微小的布施後，行者再一步一步去接受，直至最後能做到割肉捨身布施。對自己的身體一旦生起了像蔬菜般微不足道的感覺，那時候才布施血肉骨髓又有什麼困難呢？因為肉體的痛苦是由罪惡的行為而來，心靈的痛苦是由執著自我這錯誤的概念而來；登地菩薩淨除了罪業，所以沒有苦果；善巧通達了無我智慧，所以坦然無憂。

10

03

憑著菩提心的力量，就能消盡宿世罪業，以及能積聚如大海般深廣的福德。因此，要棄除對大乘菩提道的身疲心厭，欣然騎乘菩提心的千里馬，從安樂道馳向到更殊勝的無上安樂，有智慧的人又怎會退怯捨棄菩提心呢？

10

04

精進有四種助緣，所謂四力：願力，是指由於修行人希求善法，會盡一切力量去實踐正法。堅毅力，是指修行人不管遇到任何困難，都永不言敗。歡喜力，是指修行人具有如同孩童在遊戲時天真踴躍的力量，對學習善法不會因時間長久而生膩厭倦。放捨力，令我們知足調節，鬆緊有度；與俗語所謂：「休息是為了走更長的路」一樣。精進要具備這四種助緣力，才可達到恆常有效為善的目的。

10

05

我未曾對諸佛作過廣大供養；沒有以廣大喜樂施給眾生；未曾遵行如來的教法；也未曾以財物受用滿足貧窮者的願望。對處於恐懼的人，我未曾令他們離開怖畏；亦未曾撫慰過痛苦者，令他們得到安樂；我只是變成了母親胎中的一根刺，僅為她帶來了懷孕時的痛苦。

10

06

佛陀說：「一切善法的根本就是對善法勝解信樂和希求。而產生信樂善法的根本，就是經常思惟因果報應的道理。」

10

07

如果信樂善法，無論到什麼地方去，善行的福德果報都會現前頌讚榮耀他。為非作歹的人雖然想得到快樂，但是無論走到什麼地方去，都會被罪業的惡報，以痛苦之利器所摧毀。

10

08

因往昔所修習的清淨善業，佛子生於廣大的蓮花苞中，其中充滿妙香，無比清涼；由於聞食佛陀以甜妙聲音宣說的甘露法語，身心滋潤而生出光彩；在佛光的照耀下，白色的蓮苞緩緩綻放，花蕊上煥然托生出殊妙的色身，在佛的見證下欣喜地誕生。因為往昔造了嚴重的罪業，閻魔獄卒會先用剝皮的酷刑，使墮落地獄者受盡痛苦；然後用熱火融化的銅漿淋在他們無皮遮護的身體上；再以燃燒的劍矛不

斷地割刺；剎那間，血肉
紛飛，掉落在極度熾熱的
鐵地上。

10

09

行者應先檢察評估自己的能力，依自己能力決定應行或不應行持某法。如果因緣未具備，最好是不做。如果開始了，就不要後退。所以我不但嚮往、追求善法，並且還會恭敬地去修習；此外，亦應修習自信心。

10

10

在修習善業、斷除隨煩惱和修善斷惡能力三方面，我應該生起自信心；心想：「我應自己一人去做。」這就是修學菩薩度生事業的自信心。

10

11

這個充滿煩惱的世界，世俗人都被煩惱控制，連自己的個人利益都沒有能力去完成；既然眾生都不能像我這樣有自主力，我便應當努力成辦自他一切利益。

10

12

當烏鴉遇到死蛇時，牠會勇猛如大鵬鳥一樣發起攻擊；同樣，如果對抗煩惱的信心力量太脆弱，那麼輕微的煩惱亦會帶來嚴重的侵害。如果因為怯懦而捨棄精進，那我又怎能解除福德的貧乏呢？倘若能生起堅強的自信心，並且努力修行，那麼障緣再大，也不會擊倒我。所以我應該以十分堅定的信心，消滅所有的罪惡。因為只要有一天仍被墮罪所征服，出離三界的希望將永遠是一個笑話。

10

13

被我慢打敗的人，不但缺乏自信，而且更是一條可憐蟲；他們被我慢這敵人所控制。一個具足自信心的人是不會向敵人的惡勢力屈服的。從我慢生起驕傲心的人，將會因此而墮入惡趣；就算生而為人，也不會快樂。他們只不過是僕役，吃人家食賸的食物。他們既愚笨又醜陋，而且還軟弱無能，到處受人輕視。因傲慢煩惱而不得不忍受種種苦害的人，如果把這種無窮禍患的傲慢當為福善安樂之源的自

信；還有什麼比這愚癡的
人更可憐？

10

14

人們在遇到危險急難時，都會先護住自己雙眼；同樣，即使一再遇到引生煩惱的危機，也應當保護自心，不為煩惱所左右。就像孩童一心一意快樂地遊戲一樣，對於任何所做的善業，我們的心應該非常熱衷去完成，樂於其事，永不滿足。

10

15

世人為了追求身心的快樂而努力，卻不一定能因此而獲得快樂。自利利他之事一定能帶來安樂，但是知而不行又怎能獲得安樂呢？

10

16

當身心都疲乏時，為了持之以恆，應該暫時把事情擱置下來，休息一會。如果一項善行圓滿完成了，就該毫不眷戀地放下，以便繼續再修習其餘的善法。

10

17

好比沙場上身經百戰的老戰士遇到敵人的攻擊一樣；修行人跟煩惱作戰時，亦應該先避開煩惱鋒刃，不為所傷，而後才巧妙地對治，消滅煩惱。在戰場上失落了手中利劍的戰士，都會害怕被殺而立刻拾起劍來；同樣，如果忘失了對抗煩惱、精進修行的正念之劍，應該思惟地獄的恐怖而迅速提起正念。

10

18

就像有人為劍所逼，捧著注滿油的缽行走，如果油溢了出來，他立刻會當場被殺；這時捧缽者一定會全神貫注地捧缽而行；同樣，持戒者也應如此謹慎專注的護心。又好比知道毒蛇入了懷，就應該迅速站起來把牠抖掉；同樣，如果睡眠和懈怠來了，就應該立刻趕走它們。

10
19

任何時候都要精勤修持正念，在尋求善知識或修行菩提正道時，應當常自問：「在這些處境下，我該如何修持正念？」

10

20

只有降伏這個輪迴的心，才能證悟心的本質。這個輪迴的心有四種特徵：第一是無明；第二是懵懂；第三是情緒容易波動；第四是信念不足。這四種特質令我們的心永遠處於紛亂不安之中。唯有透過靜慮，心鏡才能回復光明。

10

21

修持止觀雙運之前，必先修成止；而要修成止，就必須遠離貪欲。貪欲最顯著的過患是令人散亂。

10
22

散亂是靜慮的障礙，修行人若散亂的話，便會置身於煩惱巨獸的利齒之間，實在危險。怎樣避免散亂？外則斷捨塵緣，內則棄除妄念。

10

23

要斷捨的塵緣：內要斷貪著親友，外要斷貪執財利等器世間事物。

10

24

修行人一定要住在寂靜處。選擇寂靜處隱居，安心修行有三個標準：一、事少；二、易安樂和三、靈秀宜人。

10
25

如果身心遠離塵囂和欲望，禪定的障礙——散亂就不會生起；故此應捨離世間，進而完全拋棄一切塵俗的思慮。

10

26

依靠寂止所生的勝觀，才能滅盡種種煩惱種子。知道了這個道理後，應當先努力求得寂止；而想修成寂止，內心就必須先遠離世間的貪著。

10

27

生命本是無常脆壞，如果還要貪愛無常的親友而造罪，那只有墮入於惡趣，縱經百千次的轉生，也沒有機會遇見自己喜愛的人。

10

28

貪執親友，會障蔽自己洞察諸法實相的智慧，也會毀壞導向解脫的厭離生死之心，最終在虛幻的輪迴生死中迷失而憂惱不已。

眾生是自己修行終極關懷的對象，應以「自他平等」、「自他相換」、「自甘卑下苦，利樂全予他！」等大乘菩薩理念行為來服務、救度眾生；令他們離輪迴苦，得究竟樂。

10

30

如果自己的行為跟凡愚一樣，那必定會墮向三惡趣；自心如果嚮往解脫聖境，又何必親近愚癡凡夫而添加逆緣呢？

10

31

此刻的親密朋友可能變成下一刻的敵人；對於本應歡喜感恩的善行，亦可能會令他們變得生氣忿怒；真難令這些惡友滿足悅意。

11

01

給惡友好的建議，他們不但感到忿怒，還會反勸我們放棄各種善法；如果不聽從他們的話，他們甚至會忿怒起來，陷入痛苦之中。

11

02

惡友對勝於自己的人生嫉妒心；對與自己相若的則生爭強競勝心；對卑微的人又生傲慢心；受到稱讚又會驕矜自滿；聽到批評更是怒氣沖沖。與這樣的凡夫交往，又怎會有利益呢？

11

03

與凡愚親近交往，必定會令自己犯下自讚毀他，甚至閒談輪迴是如何的快樂；談話內容不外乎無聊、傷風敗德的不善之事。

11

04

由於與親友有聯繫，以致面臨種種逆緣。我應獨自一人與無煩惱的心快樂共處。

11

05

行者應疏遠凡愚。以幽默的態度令相遇的人感到喜悅，並不是用親密的態度，而是以平常心，不親不疏地仁厚處眾。就像蜜蜂採蜜一樣，修行人為了維持修法而外出化緣，取得所需的衣食之後，便要如同素昧平生，以平常心與他人相處。

11

06

如果有人這樣想：「我既富有，又受敬重；很多人都喜歡我。」而因此生起驕慢，死後一定難逃恐懼墮落惡趣的痛苦。

11

07

所以有智慧的人，千萬不要貪著外境財利，貪著這些將引生墮落三惡道的恐懼。應該堅定地信解：從本性來看，名利等事物都是應捨離之物。

11

08

即使我擁有豐厚的財富，
再美好的名聲；這些經努
力而聚集的名利，卻無法
隨心所欲地伴我一起往後
世去。

11

09

如果還有人毀謗我，那麼再多的讚美又怎值得我高興呢？如果還有人讚美我，那麼譏諷譭謗又怎值得我憂傷呢？有情眾生有種種不同的性格和愛好，就連諸佛也難以令他們稱心滿意，更何況是我這樣卑劣無能的凡夫呢？所以我應該放棄討好世人的念頭。

11

10

愚者對清貧的苦行者非常蔑視，對利養豐厚的修行人又經常詆毀；凡愚的本性根本就難以結為法侶；和他們在一起，又怎會得到真正的快樂呢？

11

11

佛說愚者不是我們的朋伴，因為他們的喜好無不由私利而來。當失去所擁有的私利時，愚癡的凡夫就會悶悶不樂。因此不要再與凡俗之人交往。

11

12

山林中的樹木、飛鳥和走獸不會發出刺耳惱人的言語聲音，與它們相處，內心會非常安樂平靜，我何時才能和它們一起快樂的安居呢？我何時能心無罣礙地安住在樹蔭下、岩洞中或無人干擾的寺廟裏修行呢？但願我的內心不再眷念家宅和親友，斷捨一切對塵世的貪欲。我何時才能遷居於遼闊的自然環境中，不執著它是我所擁有的地域，心無貪執而自在的修行呢？我何時才能無恐懼地安住，只保留缽

盂、濾水器等幾件必需的
用具，以及連盜匪也不會
要的衣服，甚至不必費力
去遮蔽這個身體呢？我何
時才能夠到墳場墓地去，
跟其他人的屍骨比較一下
，我這個最終同樣會腐爛
的物質身體？

11

13

每個人不但獨個兒出生，
到死亡時也是獨自一人。
任何人也分擔不了自己彌
留時四大分解的痛苦。製
造障礙的親友眷屬又有何
用處？好比旅客不會貪著
暫時歇腳的旅店；同樣，
在輪迴三有中打轉的我，
也不應該留戀偶爾一遇的
親友和家園。

11

14

等到死亡時，親友們都會圍著我哀傷地哭泣，然後由四個人扛起我的屍體，送往屍陀林去。既然最終也難逃離這結局，何不趁早就往該處去修行呢？

11

15

我應及早離開親友和怨仇，獨自一人隱居寂靜的山林去修行。如果親友們認為我早已不在人世，那麼縱然死了，也不會有人為我傷痛哀愁。若果我真的不幸死掉，臨終之時，四周無人陪伴，無人來痛哭悲傷，也無人為自己帶來傷害；當自己臨終隨念諸佛菩薩時，便不會受到干擾，不會分心散亂。

11

16

我應當獨自一個人棲隱在容易生活、沒有瑣事違緣擾惱、風景靈秀、令人心曠神怡的森林中，努力止息一切掉舉散亂。沒有世俗的聯繫和顧慮後，接下來便應集中，心繫一緣；為了使自心平穩地住於三摩地，便要制伏一切煩惱而精勤修持。

11

17

成辦寂止的先決條件有五：一、住在有助於修習奢摩他的環境；二、少欲知足；三、不要從事太多活動；四、戒律清淨和五、完全斷除貪欲和其他妄想分別。

11

18

初學者的意志本來就不很堅定，如果再親近世間愚夫，與他們共同交談、做事，那我們今生來世的安樂一定會全部被毀壞。

11 19

世俗中交朋結友總帶一些企圖，希望從朋友處獲得一點兒好處，所以初相識時便特別親熱，但這種不淨的動機最後必為雙方帶來痛苦傷害的結果。同時，希望愈高，失望愈大，最終導致怨懟收場。此外，還會過份貪執對方，當他沒有配合或有一點兒過錯，便馬上產生反感，怨恨收場。

11 20

我們應該學習，該安住時就安住，該離開時就離開，無任何罣礙，輕鬆自在。

世俗之事，愈做愈沒有邊際；停下來，就是它的邊際。

11

22

斷除散亂的方法：外要斷捨塵緣，內則斷除妄念。引起妄念主要的原因是貪執五欲：財、色、名、食、睡，五者都能使你生起貪欲之心，形成妄念，障礙靜慮。

11
23

經歷了積聚、守護、耗散錢財，往往為我們帶來一連串的煩惱；這時才覺醒到財富是一場無止息的災禍。那些內心被錢財所迷惑的人處於散亂的狀態中，因而永遠沒有機會脫離三有的痛苦。

11

24

貪欲財利的人一定會時常感到悲痛，因為這種行為害多利少；就好像一頭正在拉車的牲畜牛馬一樣，只得吃幾口路邊的草，得不償失。其實，像養家餬口這些微少的利益，就算是傍生也能垂手可得；可是這位活該的苦命者，竟然為了小利而奔波受苦，糟蹋了難得的暇滿人身。

11

25

孩童時不懂得賺錢；長大以後，憑什麼享受欲樂呢？我們的生命主要就是在為生計而渡過。盛年之時為了積聚錢財而辛勞，等到錢財積聚起來時，年紀也老了，老年人又能為感官上的觸樂做得到些什麼？

11

26

五欲總是會壞滅的，但是貪著它卻會使人墮入地獄等惡趣。為了貪圖這點瞬間的五欲樂，將來必須長期忍受艱難困苦。

11

27

寂靜森林，微風徐徐吹拂，踏著輕柔寬闊的鴨卵石，禪修岩窟空曠，大如王宮。皎潔的月光清涼，猶如檀香，令人透心涼快；這位具福德的瑜伽士踱著細步，思考著如何去利益眾生。無人的空屋、岩洞和大樹下，隨時都可以任意安住，這樣便可拋棄儲存和守護財物的痛苦，無拘無束，逍遙自在地修行。任君隨意安住，既無家累，又不受任何人的束縛，誰都與我不相干。就算是人間的帝王，也難享有

這種知足的山居修行之樂

。

11

28

所謂自他平等，是自己與他人都有離苦得樂的心態——以此同樣的理念，同樣的權利，同樣的訴求，來作觀察分析；其實自與他，毫無差別。

11

29

我們生而具有離苦得樂的欲望，是因為我們有能力斷除永恆的痛苦，讓自己得到真正的究竟快樂；眾生不僅有此能力，也有此權利。

11

30

每一個人皆有相同的基礎和能力，可以成辦悲心和菩提心，一切的功德都由串習的力量而產生，這是肯定而正確的。努力串習，不只是想要利益眾生，而且漸漸地也會變得非常樂意去做。當一心一意為他人著想時，內心不但不會冀望得到任何回報，而且還會以非常清淨的意樂去成就他人的利益。

12

01

誓願將自身一切奉獻給眾生，便不能再因謀求己利而傷害有情，應捨自己所擁有的一切而利樂眾生。

12

02

如果不能以自身安樂，真實地替換別人的痛苦的話，結果不但不能成就佛果大安樂，就算在生死輪迴中，也不會得到快樂幸福。

12

03

凡愚始終追求自利，到頭來得到的只有痛苦；諸佛一心利益眾生，終成正覺；何須再多費唇舌去解說呢？

12
04

自身，是眾多禍患的淵藪；他人，是廣大功德之源；認清這個道理後，就應當精勤修習斷棄對身的執愛，慈愛他人。

12

05

菩薩雖然一心為人謀福利，但是心裡卻無絲毫驕矜之氣；就像自己給自己餵飯一樣，從來不會希求回饋或善報。

12

06

對微如他人不遜言詞的痛苦，我也會謹慎小心地防範，以免受傷害；對眾生的任何痛苦，我也應該同樣地對待，常修悲心去愛護。

12

07

從前連聽到名字都令人發抖的仇敵，由於長久親近，和樂相處的緣故，現在不見人影反而悶悶不樂；因此要有耐心，千萬不要逃避困難。

12

08

如果有人想以迅速有效的方法救護自他，以免除一切痛苦，那他應當修習自他相換菩提心這殊勝奧秘的成佛妙訣。

12

09

貪愛自身的人，為了解除饑渴和疾病，會千方百計地不惜捕殺池魚與飛鳥走獸，甚至埋伏於路上伺機劫奪路人。由於貪著自己的身體，導致我們連微小的困難也生畏。對這恐懼之源的自身，哪個智者會不當作怨敵一樣瞋恨呢？

12

10

「如果全部布施了，自己怎會有享受之物呢？」這種自私慳吝，是餓鬼之道。「如果自己享用完了，拿什麼去布施呢？」這種利他善念，是人天善道之法。

12

11

為己利益而損害別人，將墮地獄遭火燒；為利他人不惜損害自己，將到處也獲得成就。

12

12

那些只求自己高高在上的傲慢者，來世一定會投生於苦境、低下階層和變得愚癡。如果扭轉這種自高的心態而薦舉尊敬他人，便能得到更好的投生、受別人的尊敬和得智慧。

12

13

為了自己安樂而役使他人者，最終會遭受轉成僕役，倍受被奴役的痛苦。為了利益他人而不惜勞碌自己的人，將來會轉為王侯，享有官爵權勢。

12
14

所有世間安樂都是從利益別人的善法而生；所有世間上的痛苦都是由謀求自我利樂而形成。

12

15

凡愚始終追求自利，得到的只有痛苦；諸佛一心利益眾生，終成正覺；只要觀此二者的差別，便可明白。又何須再多費唇舌去解說呢？

12

16

以前為了謀求自身利樂，
我對他人所作的盡是傷害
惡業；現在為了他們謀求
幸福，願這一切禍害都歸
於自身！

暫且不論自私自利者來世的果報；在現世，如果一個人不願委屈自己為人勞動，僱主也不願支付酬勞給他，這樣就連今生的小利樂也無法成辦。

12

18

假如不能完全捨棄自我愛執，必然不能根除一切自他的痛苦；就像不拋棄手中的火，便難免受灼傷一樣。

12

19

為了止息我執造成的自我傷害，也為了永遠滅除眾生的種種痛苦，我應當將自己完全施捨給他人，愛護眾生如同愛惜自己一樣。

12
20

應當尊重有情，以有情利樂為至上，在發現自己擁有某些東西後，應儘量取出布施，廣泛地利益其他眾生。

12

21

假如你能真正體證一次的自他相換，不但能清淨多劫積累的惡業和障礙，更能圓滿廣大的福德和智慧，而且也能解脫你將要下墮惡趣邪地之因。

12

22

將自己與卑下、相等及高於己者三種對象交換易位，然後毫無疑慮地以易位後的身份，對易位前的自己生起嫉妒、競爭和我慢，藉此對治煩惱，修習悲護之心。

12
23

人人或多或少都有一些本事，他雖然比我強，但勝過他一籌的，大有人在；而我雖然卑劣，但總會有一些人比我更低劣，因此，他又有什麼了不起的呢？

12
24

透過自他相換，淨化嫉妒、競勝、傲慢等煩惱，使我們知道：執我是墮落生死輪迴、飽受苦害折磨的禍首。

12
25

如果我安樂而別人不安樂，我高高在上而別人寒微卑屈，我只顧自利而不照顧別人，那我為何不轉而嫉妒自己，而去關懷別人呢？我要主動地捨離安樂享受，心甘情願地取代別人所受之苦，時時內觀一言一行的發心動機，細細檢查自己大大小小的過失。

雖然是他人犯下的大過錯，我也應樂意頂替，為他承擔責任；自己如果有過錯，即使微小，也應在眾人面前誠懇地發露懺悔。

12

27

自己本來就是罪惡纍纍之人，暫時生起的小功德，又有什麼值得宣揚的呢？所以我要盡力隱藏自己的德學，就連任何人也不讓他們知道。

12

28

我願地獄中所有有情，因為我的善根迴向，都能見到普賢、地藏等菩薩。祂們以無礙力化現成祥雲；從雲端飄降而下，伴隨著清涼芬芳令人喜悅的雨水；願目睹此情此景的地獄眾生，都由衷地心生歡喜！願聖觀世音菩薩心中不斷流出甘露乳汁，滿足餓鬼道眾生的飢渴，並使他們沐浴其中，常得清涼！

12

29

有漏的心、心所活動是存在的，但在這心識活動上生起實有的能取例如見分和所取例如相分，其實能取、所取兩者都是無的。在這心識活動中只有空性存在，換言之，空性為體，心識活動為用；有虛妄心識活動就有空性。所以諸法不能執為實無，亦不能執為實有；為甚麼呢？因為虛妄心識活動是存在的，但在這心識活動上的能取和所取卻不存在，於空性中有虛妄分別作用，從這些虛妄分別的作用中

又有空性本體。若能了解
「有、無及互有」的道理
，就能契合佛家所說中道
的本意。

12

30

當修行人經一個阿僧祇劫善巧地積集足夠的福慧資糧；親見法身真如生起於一切法遠離能取、所取的無漏無分別智，這就是勝義菩提心。

12

31

當眾生福緣具備時，佛便會應機從法界等流而說引領眾生解脫的教法。總括這些教法來說：修行人首先要能安住於遣除人我、法我後所顯的真如法界，然後以後得智令心相續安住於了解一切現象都是諸識所緣、唯識所現的道理；再加上累世所積聚的無量福慧資糧，修行人便能安穩便捷地到達涅槃彼岸。

後記

是哪一篇金石良言最能解開您的心結，成為您今後做人處世的座右銘呢？聖賢的修行體證，字字珠璣，再由具德具慧的金剛上師卓格多傑精心選粹，現代白話語譯，燈燈相傳。

本書從1月1日至4月19日，讀者皆感受到《法句經》佛口親宣的清涼法語；接著就轉承到《能斷金剛般若波羅蜜多經》的般若大智慧，一直到6月6日；經過一番甚深智慧的洗禮後，6月7日至6月13日是藏傳噶當派經典《噶當書》師徒間深情的表白；6月中之後是出自龍樹菩薩的《寶行王正論》、聖天菩薩《菩薩瑜伽行四百論》和月稱菩薩《入中論》等中觀學派瑜伽士一棒到底，一針見血的警世箴言，總結出成為合格菩薩的資格；有幾個月的時間，讀者均浸沐於《入菩薩行》這部結合有關菩薩行實踐和理論的論典之中，大家必定獲益良多；年終由瑜伽行派彌勒菩薩《大乘莊嚴經論》和《辨中邊論》作一個總結，全年如意吉祥！人緣增上！事業興旺！

《踏著無常衝浪》

編　　纂　　金剛上師卓格多傑
倡　　印　　卓格多傑佛學會
出　　版　　賢創作
發　　行　　聯合書刊物流有限公司
承　　印　　匯彩制作
國際書號　　978-988-77547-9-4
香港出版　　第一版2018年7月
定　　價　　港幣99元

鳴謝贊助人　曾志雲居士　謝鎧霙居士　葉向榮居士

迴向普為出資受持輾轉流通者
願以此功德　迴向諸有情　消除宿現業　圓滿勝善根
增長眾福慧　速發菩提心　人各習十善　勤修利他行
一切出資者　捐資印送者　咸皆得善利　先亡獲超昇
風雨常調順　往生安樂剎　法界諸含識　皆共成佛果

「賢創作」秉承佛陀弘法利生精神，透過文字般若，宣揚佛教慈悲救世，自利利他；冀一切眾生最終能藉佛陀智慧啟示，捐棄惡業，離苦得樂。

賢創作　　email : yincreation@gmail.com
香港英皇道郵政信箱35310

© 版權所有　請勿翻印

9789887754794